LE PETIT LIVRE

DE

SAINTE SOLANGE

VIERGE-MARTYRE

PATRONNE DU BERRY

Augmenté de Prières et de Cantiques et du Règlement de la Confrérie.

Te honorificentia populi nostri eo quod castitatem amaveris.

Vous êtes l'honneur de notre peuple parce que vous avez aimé l'innocence.

(Lib. Judith. c. xv.)

PRIX : 25 CENTIMES

SE TROUVE A SAINTE-SOLANGE

—

1876

I

SIMPLE HISTOIRE

10 MAI 878

Sainte-Solange naquit près de Bourges, dans un village appelé Villemond, de parents chrétiens qui lui enseignèrent avec soin la loi du Seigneur. Elle brilla, dès ses premières années, par une piété singulière, et consacra, dès l'âge de sept ans, sa virginité à l'Époux des vierges. Occupée par ses parents à garder leurs brebis dans un champ voisin, elle s'appliquait à la prière, et, l'esprit fixé en Dieu, elle goûtait d'avance les douceurs de la vie des cieux. Le fils d'un seigneur de Bourges, qui chassait, l'ayant rencontrée, fut épris de sa beauté, et, brûlant d'un amour insensé, il mit tout en œuvre, flatteries, promesses, proposition de mariage et menaces, pour la faire consentir à ses vues. Enfin, voyant que tous ces moyens étaient inutiles, il se disposa à user de violence.

Un jour, que la chaste vierge était, selon sa coutume, tout entière à ses pieux exercices, dans le champ où elle gardait son troupeau, et qui, depuis, a conservé son nom, le coupable jeune homme l'attaque, la saisit et la place de force sur son cheval pour l'enlever. Mais elle, décidée à mourir plutôt que d'être infidèle à son céleste Époux, parvient à s'échapper et tombe par terre. Le ravisseur, hors de lui-même, change en fureur son criminel amour, et tranche la tête de la vierge, auprès d'une fontaine.

L'illustre martyre de la chasteté fut ensevelie non loin du lieu où elle avait souffert la mort, dans l'église alors consacrée à saint Martin, évêque de Tours, et qui depuis a été dédiée à sainte Solange, dont le village porte encore le nom glorieux. Elle fut martyrisée vers la fin du neuvième siècle, et célèbre après sa mort par de nombreux miracles. Depuis lors, son tombeau ne cessa pas d'attirer un pieux concours de fidèles. Le Berry, dont elle est la fille, éprouve encore que la douce vierge est aussi sa patronne. Héritiers de la piété de leurs pères, les habitants de ce pays lui adressent, dans leurs calamités, de confiantes prières, et ressentent toujours les effets de sa protection.

(Approuvé par la Sacrée Congrégation des Rites, le 25 juin 1863).

II

TRADITION

Une tradition, que l'unanimité des anciens témoignages a rendue vénérable, rapporte que Dieu opéra, en faveur de cette innocente victime, le même miracle que celui qu'il avait accompli lors du martyre de saint Denis, premier évêque de Paris.

Après que sa tête eut été tranchée, on dit que la bouche de la vierge prononça le nom de Jésus, et que, prenant dans ses mains cette tête sanglante, la sainte martyre la porta dans l'église de Saint-Martin.

Un monument indique à la piété des fidèles le lieu où son corps fut d'abord inhumé. Il fut transféré, peu de temps après, dans l'église, où de nombreux miracles s'opérèrent.

Les pèlerins de Sainte-Solange ont coutume de visiter le champ où la jeune vierge gardait ses brebis, et la fontaine auprès de laquelle elle souffrit son glorieux martyre. Le souvenir de ces lieux a été conservé traditionnellement par les habitants du pays. Une chapelle, remarquable par ses heureuses proportions, ses sculptures et ses vitraux, s'élève maintenant dans le Champ-du-Martyre. Le sang du Rédempteur du monde viendra désormais, par le sacrifice de la messe, ajouter ses mérites infinis à celui de sa servante.

Le culte de sainte Solange commença immédiatement et par acclamation. Catherinot conjecture que l'église de Saint-Pierre-le-*Puellier*, dont il ne reste que l'emplacement (place Saint-Pierre de Bourges), fut fondée comme un monument expiatoire, vers la fin du IXe siècle pour honorer la sainte martyre (Catherinot, *Églises de Bourges*, p. 9).

III

RELIQUES

Et ossa ipsius post mortem prophetaverunt.
Ses ossements, après sa mort, ont opéré des prodiges.

(Eccli., 49.)

Les reliques de sainte Solange furent plusieurs fois visitées, et replacées dans des châsses de plus en plus précieuses.

En 1511, le 8 juin, lundi de la Pentecôte, Denis de Bar, évêque de Saint-Papoul (Languedoc), en fit une translation dont on célèbre encore l'anniversaire.

Ces vénérables reliques échappèrent (en 1562) aux déprédations des calvinistes, qui laissèrent dans la cathédrale de Bourges des traces ineffaçables de leur impiété.

En 1656, les habitants de Bourges offrirent une châsse en argent massif, d'un travail magnifique, en témoignage de leur reconnaissance.

En 1793, quelques hommes, égarés par le fanatisme, firent de la châsse la proie de leur cupidité sacrilége. Les saintes reliques furent profanées et disparurent.

Des fragments précieux en avaient été distraits, à diverses époques, en faveur de plusieurs églises. Celles que possède aujourd'hui l'église paroissiale de Sainte-Solange consistent en un fragment de l'os maxillaire supérieur, et en une dent de la sainte. Elles sont renfermées dans un reliquaire d'argent en forme de cœur, déposées dans une châsse et revêtues du sceau archiépiscopal. Elles étaient, avant la Révolution, dans l'église de l'abbaye de Laurois, de l'ordre de Citeaux, paroisse de Méry-ès-Bois (diocèse de Bourges).

Toutes les enquêtes d'authenticité ont été faites sous Mgr de Villèle, en 1838, par M. l'Abbé Bonnin, Vicaire général, et renouvelées le 12 février 1846, par M. Caillaud, Vicaire général de Mgr Célestin Du Pont.

Les reliques de sainte Solange, que l'on révère maintenant à la cathédrale, viennent également de l'abbaye de Laurois, et y ont été déposées en 1846.

Objet sacré de la piété de nos pères, les reliques de la Vierge Martyre étaient regardées comme une protection puissante dans les calamités publiques, *securum in adversis refugium*. (Bréviaire de Bourges de 1675).

Lorsque la terre était brûlée par la sécheresse, ou inondée par des pluies continuelles, la ville de Bourges implorait le secours de sainte Solange, et demandait que ses reliques fussent apportées triomphalement dans la cité.

L'histoire a conservé particulièrement le souvenir des grandes processions de 1635, 1637, 1656, 1657, 1658 et 1730.

Sur la demande des magistrats, l'Archevêque prescrivait des prières et des jeûnes pour préparer les cœurs à cette grande solennité. Au jour indiqué, les plus religieux habitants de la paroisse de Sainte-Solange chargeaient sur leurs épaules les saintes reliques. Précédés de leur curé et escortés d'une foule nombreuse venue de Bourges, ils portaient le précieux fardeau, la tête découverte et les pieds nus.

La procession se grossissait par l'affluence de vingt ou trente paroisses qui venaient de Bourges et des environs, avec leurs croix et leurs bannières, au-devant de la sainte patronne du Berry.

Il était beau de voir les plus recommandables familles de la ville et de la province s'agenouiller avec respect, en présence des reliques sacrées d'une pauvre fille des champs, glorieuse héroïne de la virginité. C'était pour tous un incomparable enseignement d'amour pour l'innocence et d'union entre les différentes classes de la société; c'était pour la jeunesse, une grande leçon de piété, de retenue, de modestie et de fermeté d'âme.

A l'entrée de la ville, la châsse était reçue, dans la chapelle de Saint-Ladre, par le curé de Saint-Privé. L'Archevêque et le clergé, le Maire et les Échevins portant des cierges allumés, le Surintendant de la Province, le Parlement et les notabilités arrivaient en grande pompe. Puis, au milieu des chants pieux de tout un peuple, on traversait les rues jonchées de fleurs et richement tapissées.

On portait la sainte châsse à l'église métropolitaine; de là, on se rendait à Saint-Pierre-le-Puellier, dont le titulaire avait droit de nomination à la cure de Sainte-Solange; puis, à Notre-

Dame de Sales, l'un des plus antiques sanctuaires de la cité. Le saint sacrifice était célébré; les porteurs, malgré leurs fatigues et l'heure avancée, ne manquaient pas de faire la communion, et le peuple de Dieu n'avait plus qu'à rendre des actions de grâces : il était exaucé.

Nous pourrions raconter beaucoup de guérisons et de grâces de toutes sortes obtenues par l'intercession de sainte Solange; elle est propice à tous, mais surtout aux âmes qui veulent être sans tache devant Dieu.

Les âmes pures sont de la famille des Anges, a dit saint Ambroise.

L'innocence nous rapproche de Dieu : (*Sap.* vi).

Oh! qu'elle est belle, la famille des âmes pures; elle demeure sans tache dans ses glorieux combats, elle triomphe, elle reçoit une couronne immortelle. (*Sap.* iv).

Heureux les cœurs purs, parce qu'ils verront Dieu. (*S. Matth.* v).

O mon Dieu, créez en moi un cœur pur. (*Ps.* 50).

Que mon cœur soit sans tache, afin que je ne sois pas couvert de confusion. (*Ps.* 118).

IV

PRIÈRES

LITANIES DE SAINTE SOLANGE

APPROUVÉES PAR M$^\text{gr}$ DE MERCI ET M$^\text{gr}$ DE VILLÈLE

Seigneur, ayez pitié de nous,
Jésus-Christ, ayez pitié de nous.
Seigneur, ayez pitié de nous.
Jésus-Christ, écoutez-nous.
Jésus-Christ, exaucez-nous.
Père céleste, qui êtes Dieu, ayez pitié de n.
Fils, Rédempteur du monde, qui êtes Dieu,
    ayez pitié de nous.
Esprit-Saint, qui êtes Dieu, ayez pitié de n.
Très-Sainte Trinité, qui êtes un seul Dieu,
    ayez pitié de nous.
Sainte Marie,
Sainte Mère de Dieu,
Sainte Vierge des vierges,
Sainte Solange,
Sainte Solange, aimée de Dieu dès votre
    enfance,

Priez pour nous.

Sainte Solange, chérie de la très-sainte Vierge,

Sainte Solange, pleine d'amour pour la sainte vertu de pureté,

Sainte Solange, vierge d'esprit et de corps,

Sainte Solange, assidue au travail,

Sainte Solange, toute dévouée au mystère de la Passion de Jésus-Christ,

Sainte Solange, plus jalouse de la beauté de l'âme que de celle du corps,

Sainte Solange, supérieure aux séductions de la fortune,

Sainte Solange, victime glorieuse de la chasteté,

Sainte Solange, décorée de la palme du martyre,

Sainte Solange, espérance des pèlerins,

Sainte Solange, santé des malades,

Sainte Solange, lumière des aveugles,

Sainte Solange, vous qui rendez la parole aux muets,

Sainte Solange, vous qui bénissez nos moissons,

Sainte Solange, vous qui mettez un terme aux sécheresses brûlantes,

Priez pour nous.

Sainte Solange, vous qui apaisez les tempêtes.
Sainte Solange, joie des anges,
Sainte Solange, sœur des martyrs et des vierges,
Sainte Solange, enfant de notre pays et notre protectrice,
Sainte Solange, honneur de notre peuple,
Sainte Solange, gloire et patronne du Berry,
Sainte Solange, appui de ceux qui vous sont dévoués,

Priez pour nous.

Agneau de Dieu, qui effacez les péchés du monde, pardonnez-nous, Seigneur.
Agneau de Dieu, qui effacez les péchés du monde, exaucez-nous, Seigneur.
Agneau de Dieu, qui effacez les péchés du monde, ayez pitié de nous.

℣. Béni soit à jamais le Seigneur,
℟. Qui m'a revêtue de force.

PRIONS

SEIGNEUR Jésus, qui avez fixé votre demeure dans les cœurs purs, accordez-nous de marcher sur les traces de Sainte Solange, votre vierge et martyre, dont nous honorons les mérites de tout notre cœur, et d'imiter la pureté de sa foi et de sa vie, ô vous qui vivez et régnez, Dieu, unique, avec le Père et le Saint-Esprit, dans tous les siècles des siècles. Ainsi soit-il.

PRIÈRES A LA SAINTE VIERGE

Souvenez-vous, ô très-miséricordieuse Vierge Marie, qu'on n'a jamais entendu dire qu'aucun de ceux qui ont eu recours à votre protection, imploré votre assistance et réclamé votre secours, ait été abandonné de vous. Animé d'une pareille confiance, je cours vers vous, Vierge des vierges et notre Mère ; je viens à vos pieds : me voici devant vous, gémissant sous le poids de mes péchés. Ne rejetez pas, ô Mère de Dieu, mes humbles prières, mais écoutez-les favorablement, et daignez les exaucer. Ainsi soit-il.

Ô Vierge incomparable, douce entre toutes les vierges, délivrez-nous du péché, faites-nous doux et purs.

Faites-nous vivre sans tache, éloignez tout

danger, afin qu'un jour, admis à contempler Jésus, nous soyons éternellement heureux.

Ô ma Souveraine, ô ma Mère, je m'offre à vous, et, pour vous prouver mon dévouement, je vous consacre mes yeux, ma bouche, mon cœur, tout moi-même. Puisque je vous appartiens, ô ma bonne Mère, gardez-moi, défendez-moi comme votre bien et votre propriété.

Par votre très-sainte virginité et votre immaculée-Conception, ô Vierge des Vierges et Reine des Anges, obtenez que mon corps et mon âme soit purifiés.

PRIÈRE AU BON ANGE GARDIEN

Ange du ciel, qui êtes chargé de me conduire, daignez continuer envers moi vos charitables soins ; qu'à l'ombre de votre protection la tentation du malin esprit n'approche pas de moi, défendez-moi contre les piéges de l'ennemi et les douceurs trompeuses du péché. Ainsi soit-il.

PRIÈRE A SAINT JOSEPH

Père et protecteur des vierges, bienheureux Joseph, vous à qui furent confiés Jésus, l'innocence même, et Marie, la Reine des vierges, je vous prie, avec toute la ferveur de mon âme, au nom de Jésus et de Marie, ce double gage de votre tendresse, de m'obtenir cette grâce que, préservé de toute tache, je puisse servir Jésus et Marie avec un esprit, un cœur et un corps toujours purs. Ainsi soit-il.

PRIÈRE
A SAINT LOUIS DE GONZAGUE

Angélique protecteur de la jeunesse, saint Louis de Gonzague, je vous supplie de me recommander à Jésus-Christ et à sa très-sainte Mère, la Vierge des vierges. Préservez-moi de tout péché, éloignez de moi toutes les pensées, toutes les affections impures, et quand vous me verrez en tentation, réveillez en moi le souvenir de l'éternité et de Jésus crucifié. Imprimez profondément dans mon cœur le sentiment de la sainte crainte de Dieu. Enflammez-moi du divin amour, afin qu'en vous imitant sur la terre, je mérite de jouir de Dieu avec vous dans le ciel. Ainsi soit-il.

CONFRÉRIE DE SAINTE SOLANGE

Il est certain, d'après des témoignages irrécusables, que la dévotion à sainte Solange remonte à l'époque même de son glorieux martyre. Solange n'avait point aimé le monde ; l'humble vierge fuyait les regards des hommes ; c'est pourquoi Dieu l'a élevée : *Et exaltavit humiles*. De nombreux pèlerins accoururent à son tombeau, et des grâces extraordinaires obtenues par son intercession firent connaître et aimer de plus en plus l'innocente bergère que le Berry a prise pour patronne.

Les siècles, se succédant, ne virent point diminuer la gloire et l'honneur rendus à sainte Solange. Les pèlerins se rencontraient chaque année aux lieux qui avaient été témoins de la piété et de la modestie de Solange. Ils unissaient surtout leurs prières près des reliques de leur bonne sainte. Nous ne craignons pas d'affirmer que la Confrérie de sainte Solange prit ainsi naissance.

Cette Confrérie reçut une pleine organisation vers le milieu du dix-septième siècle. Les Souverains-Pontifes Alexandre VII en 1657, et Benoît XIV en 1751, lui accordèrent de précieuses indulgences. En 1803, après les désastres de la Révolution, elle fut relevée par Mgr Isidore de Mercy. Enfin, Sa Sainteté Grégoire XVI, par deux décrets de la sacrée Congrégation des indulgences, en date du 17 juillet 1844, accordait à la Confrérie de sainte Solange les grâces suivantes, à *perpétuité*, et toutes applicables aux défunts :

1º Toutes les messes qui seront offertes pour les confrères défunts, dans l'église de Sainte-Solange, jouiront des grâces de l'autel privilégié.

2º Une indulgence plénière est accordée à tout confrère qui, le jour de sa réception, vraiment contrit, confessé, communiera, visitera l'église de la sainte, et y priera quelque temps aux intentions du Souverain-Pontife.

3º Indulgence plénière à l'article de la mort, à tout confrère qui aura reçu les sacrements comme il vient d'être dit, ou, dans l'impossibilité de faire davantage, aura invoqué au moins de cœur le saint nom de Jésus.

4º Indulgence plénière à tout confrère qui accomplira les susdites œuvres, à partir des premières vêpres jusqu'au coucher du soleil de la fête annuelle que l'Ordinaire aura désignée temporairement comme solennité principale de la Confrérie.

5° Indulgence de sept ans et sept quarantaines pour quatre fêtes secondaires qui seront désignées, une fois pour toute, par l'Ordinaire actuel, sous les mêmes conditions à remplir chaque fois : réception des Sacrements, visite, prière.

6° Indulgence de soixante jours attachée à toute œuvre pieuse que les confrères auront accomplie, au moins avec dévotion et regret de leurs fautes.

Les nouveaux statuts de la Confrérie furent approuvés, le 11 juillet 1845, par Mgr l'Archevêque de Bourges. En voici le résumé :

Tous les confrères sont exhortés à dire fréquemment ces invocations extraites des litanies de la sainte : *Sainte Solange, martyre de la chasteté, notre avocate, priez pour nous.*

La fête principale de la Confrérie est fixée au lundi de la Pentecôte. En ce jour, les confrères pourront gagner une indulgence plénière. Les fêtes secondaires : le jour de Pâques ; celui de Noël ; le 10 mai, jour où se célèbre la fête de la sainte, d'après le calendrier ; enfin, le dimanche auquel cette fête est renvoyée, d'après les statuts du diocèse.

Le lundi de la Pentecôte, après la messe, on fera, selon l'antique usage, une procession solennelle au champ et au tombeau de la sainte.

Dès qu'un confrère sera décédé, tous ceux qui auront

connaissance de sa mort diront pour lui, dès qu'ils l'auront apprise, cinq *Pater* et cinq *Ave*, et ils assisteront, s'ils le peuvent, à son convoi et enterrement.

La Confrérie fera célébrer, pour chacun de ses membres défunts, un service solennel dans le mois qui suivra la constatation du décès. Cette constatation se fera par un certificat du curé de la paroisse où le décès aura eu lieu.

Le plus tôt possible, après la fête principale, on célébrera un service solennel pour le repos des confrères défunts. A ce service, on lira la liste de tous les confrères décédés dans le cours de l'année, et on les recommandera d'une manière spéciale aux prières de tous les confrères vivants.

Le premier lundi de chaque mois, il sera célébré, à l'autel de sainte Solange, une messe basse pour tous les membres vivants de la Confrérie. Après cette messe, le prêtre récitera à haute voix les litanies de la sainte.

Les fonds libres seront toujours employés pour la décoration de l'église ou de la chapelle du Champ-du-Martyre.

Le jour de leur réception, les membres de la Confrérie verseront cinquante centimes, et les années suivantes trente centimes.

Les comptes de la Confrérie seront présentés à M. l'Archidiacre pour être examinés.

Il n'est aucun point des statuts qui impose une obligation proprement dite, sous peine de péché. Mais « les personnes qui s'engagent dans la Confrérie de sainte Solange, doivent bien se convaincre qu'elles contractent une obligation spéciale de mener une vie plus pure et plus sainte, parce que la vraie manière d'honorer cette glorieuse patronne du Berry, c'est d'imiter et de pratiquer les vertus dont elle a donné l'exemple. (Statuts de la Conf.) »

Le Curé de la paroisse de Sainte-Solange est le Directeur de la Confrérie. C'est à lui qu'il faut s'adresser pour faire inscrire son nom sur le registre, afin d'avoir part aux avantages spirituels dont les principaux sont : une messe chaque mois pour les confrères vivants, un service solonnel pour chaque confrère décédé.

Le Curé de Sainte-Solange,
Directeur de la Confrérie,

Xav. Lelièvre.

Nil obstat quin imprimatur,
Avarici Biturigum, die 5ᵃ mensis
februari, anno 1870.

Appé,
Vic. gén.

PRIÈRE A SAINTE SOLANGE

C'est avec confiance que nous avons recours à vous, glorieuse martyre de Jésus-Christ; nos pères nous ont appris à vous honorer et à vous invoquer comme notre protectrice. Le souvenir des bienfaits que vous avez répandus sur eux ne s'effacera jamais de nos esprits. Nous avons nous-mêmes éprouvé bien des fois votre crédit auprès de Dieu, et nous ne saurions nous rappeler ce que vous avez fait pour nous sans être pénétrés de la plus vive reconnaissance.

Protégez-nous donc toujours, aimable patronne; ne cessez de tenir vos mains élevées vers le Père des miséricordes, pour une province qui vous donna le jour; si le Tout-Puissant, irrité de nos offenses, se dispose à nous punir, priez-le de ne pas oublier que vous êtes notre sœur. L'amour extrême qu'il vous porte désarmera sa colère, et, en faveur de la sœur bien-aimée, il fera grâce aux frères coupables.

Veillez sur nous, charitable protectrice, éloignez d'un pays qui vous est toujours cher ce qui pourrait nuire à son bonheur. Faites-y régner l'abondance et la paix; détruisez-y l'empire du démon et du péché; faites-y fleurir l'innocence et la vertu.

Obtenez-nous la grâce de marcher sur vos traces, afin qu'après avoir imité les beaux exemples que vous nous avez donnés, nous puissions participer un jour à la glorieuse récompense dont le Seigneur a couronné vos mérites. Ainsi soit-il.

Nous accordons quarante jours d'indulgence aux fidèles qui réciteront dévotement cette prière.

Bourges, le 18 mai 1871.

† C.-A,. *Archev. de Bourges.*

(Cette prière est très-ancienne; on pense qu'elle fut dite pour la première fois en 1637, lors d'une célèbre procession à Bourges, où la sainte répondit à la confiance publique par une pluie abondante.)

CANTIQUES EN L'HONNEUR DE SAINTE-SOLANGE

Air, *O filii et filiæ.*

1.

Festa venerunt annua
Quibus Virgo perinclita
Honoratur Solangia
Alleluia, alleluia, alleluia.

2.

O Biturici, plaudite,
Vitam ejus addiscite,
Mores ejus exprimite.
   Alleluia...

3.

Nata in Villemontio,
Infrendente diabolo,
Nomen habet ab angelo.
   Alleluia...

4.

Septennis versans animo
Quæ sit devota Domino,
Nuncupavit vota Deo.
   Alleluia...

5.

Ipsa stante stabant oves,
Nec lædebant terræ fruges:
Ipsos fugabat turbines.
   Alleluia...

6.

Illi novum præit sidus
Quo tulit eat passibus:
Ipsa fulget virtutibus.
   Alleluia...

7.

Procum lædit formæ decor,
Blanditur profanus amor,
Quem fugat virtutis honor.
 Alleluia...

8.

Spretus amor fremit ira
Neque cedit Solangia,
Fit castitatis victima.
 Alleluia...

9.

Truncato licet capite,
Ter Jesum inclamat voce,
Caput manu portans pie.
 Alleluia...

10.

Ubi sacræ reliquiæ
Martini a templo conditæ
Multi opem deposcere.
 Alleluia...

11.

Claudi currunt, vident cœci,
Morbi, *pelluntur* noxii,
Gaudentes plaudunt angeli.
 Alleluia...

12.

Mox è sepulcro fit ara,
Corpus servatur capsula
Patrona fit primaria.
 Alleluia...

13.

Frustra rabies impia
Dispergit casta pignora :

Largitur Deus alia.
Alleluia...

14.

Ob sacras, Virgo Laureas.
Ob redditas reliquias
Deo dicamus gratias.
Alleluia.

15.

In agri tui semita
(In agro) Dum pangimus voce pia.
Nobis adsis, Solangia.
Alleluia...

V. Veniebat cum ovibus patris sui. Alleluia.
R. Nam gregem ipsa pascebat. Alleluia. (Gen. 29. 9.)

Oremus. Effunde, quæsumus, Domine, Beata Solangia intercedente, benedictionem tuam super nos et super omnes fructus terræ, ut hi collecti ad laudem et gloriam nominis tui, misericorditer dispensetur. Per Christum Dominum nostrum. Amen.

TRADUCTION DU PRÉCÉDENT CANTIQUE.

1.

Votre fête, ô sainte Solange,
Fait tressaillir vos serviteurs :
Vous rendre un tribut de louange
Est une fête pour nos cœurs.

2.

Accourez, joyeux, à son temple,
Peuples fidèles du Berry :
Apprenez, suivez son exemple,
Montrez-vous son peuple chéri.

3.

Villemont met au jour Solange ;
Malgré la rage du démon,
Ce sera, sur la terre, un ange ;
D'un ange elle reçoit le nom.

4.

A sept ans, le premier usage
De sa raison et de son cœur
Est d'offrir pour toujours l'hommage
De sa vie à son Créateur.

5.

Loups et brebis, oiseaux, orages,
Dociles, acceptent ses lois ;
Dieu soumettra, dans tous les âges.
La nature à son humble voix.

6.

Un astre éclatant de lumière
La guide au sentier des élus ;
Mais ce bel astre de la terre
Brille encore plus par ses vertus.

7.

Un fol amour, de ses caresses.
Assaille sa virginité :
Un autre époux a ses promesses :
Loin d'elle l'infidélité !

8.

Elle qui tremble au nom du crime,
Attend le glaive sans frayeur :
Elle meurt Vierge magnanime
Et martyre de sa pudeur.

9.

Dans la mort, sa bouche répète
De son Jésus le nom si doux ;

Et ses mains, transportant sa tête,
Semblent l'offrir à son Époux.

10.

L'humble tombeau de la bergère
Par tout un peuple est fréquenté.
On la supplie, on la vénère :
Elle accueille leur piété.

11.

Elle adoucit toute souffrance :
L'aveugle voit, le sourd entend :
Aux cris de la reconnaissance
Les chœurs du ciel joignent leur chant.

12.

Le Berry la prend pour patronne.
Saint Martin lui cède ces lieux ;
Sur les autels son corps rayonne.
Entouré d'un éclat pieux.

13.

En vain le sacrilège impie
Nous enleva ce saint trésor ;
Le ciel déjoua sa furie,
Et nous le possédons encor.

14.

Pour ce bienfait, pour la victoire
De celle que nous honorons,
Du Seigneur célébrons la gloire :
Il est l'auteur de tous les dons.

15.

Dans ce champ qui garde vos traces.
O Solange, entendez nos vœux :
Du ciel obtenez-nous les grâces
Et pour ce monde et pour les cieux.

℣. Elle venait avec les brebis de son père ;
℟. Car elle-même faisait paître le troupeau. *(Gen.*, 29. 9.)

Prions. Répandez, Seigneur, nous vous en supplions, par l'intercession de sainte Solange, votre bénédiction sur nous et sur tous les fruits de la terre, afin que, recueillis par la louange et la gloire de votre nom, ils soient miséricordieusement dispensés. Par J.-C. N.-S. Ainsi soit-il.

CANTIQUE

CHOEUR

Échos du sanctuaire,
Ah ! résonnez en ce beau jour ;
A la sainte Bergère
Portez, portez nos chants d'amour.

1.

Pieux échos,
Que votre voix répète,
En cette fête,
Nos cantiques nouveaux.

2.

Pour le Seigneur
Tu méprisas la tombe ;
Chaste colombe,
Tu lui donnas ton cœur.

3.

A ton secours,
Douce et sainte Bergère,
A ta prière
Nous avons tous recours.

4.

Obtiens pour nous,
Modèle d'innocence,
Dans la souffrance,
Des cœurs humbles et doux.

5.

Daigne accueillir,
Vierge pure et fidèle,
Dans ta chapelle,
Notre pieux souvenir.

AUTRE CANTIQUE.

1.

A Jésus, amour et louange;
Il est le Père des élus.
C'est lui, bienheureuse Solange,
Qui couronne au ciel vos vertus.

REFRAIN.

O Vierge, que Jésus couronne,
Nous mettons notre espoir en vous :
Du Berry, puissante patronne,
Solange, intercédez pour nous.

2.

Elle avait choisi, dès l'enfance,
Jésus pour l'Époux de son cœur.
Toujours sa robe d'innocence
Garda sa première blancheur.

3.

L'enfer, le monde et la nature,
Contre elle s'unissent en vain.
Jésus, dans son âme si pure,
Commande en maître souverain.

4.

Pour l'unique Époux de son âme,
Que son amour fut tendre et fort!
Quand un autre époux la réclame.
Elle répond : Plutôt la mort.

5.

De Jésus l'âme vivante
Fut toujours gravée en son cœur.
Et trois fois sa voix expirante
Redit ce nom plein de douceur.

6.

Maintenant au ciel, ton empire,
Solange, pour l'éternité,
Unis les roses du martyre
Aux lys de la virginité.

7.

Son souvenir vit sur la terre,
Près de son tombeau glorieux.
Auprès du ruisseau salutaire
Que rougit son sang précieux.

8.

A sa mort, la bonté suprême
Permit que son chef immortel
Fût transporté par elle-même
Au lieu marqué pour son autel.

9.

C'est dans ce béni sanctuaire
Qu'elle répand mille faveurs.
Elle guérit toute misère,
Elle convertit les pécheurs.

10.

A vous amour, honneur, louange,
Sainte, adorable Trinité.
Puissions-nous tous, avec Solange,
Vous bénir dans l'éternité.

REFRAIN.

O Vierge, que Jésus couronne,
Nous mettons notre espoir en vous.
Du Berry, puissante patronne,
Solange, intercédez pour nous.

CANTIQUE DE LA CHAPELLE DU CHAMP-DU-MARTYRE

A SAINTE SOLANGE.

1.

Le Dieu qui, dans sa clémence,
Est l'auteur des dons parfaits,
Au centre de notre France
Mit le comble à ses bienfaits.

REFRAIN.

De Solange
La louange
Retentit dans tous nos cœurs;
Sa chapelle
Nous rappelle
Son martyre et ses grandeurs.

2.

Sous une forme angélique,
Chef-d'œuvre de l'art divin,
Il mit une âme héroïque
Digne en tout d'un séraphin.

> De Solange
> La louange... etc.

3.

En Berry, naquit Solange;
Villemont fut son berceau;
Elle prit le nom d'un ange;
Etait-il rien de plus beau?

4.

L'Esprit-Saint, dès son enfance,
Inspirant sa charité
La mit sous la dépendance
Du vœu de virginité.

5.

Son unique et sainte étude,
Etait de plaire à son Dieu;
Elle aimait la solitude
Et la croix de ce saint lieu.

6.

Dans les champs, dans la prairie,
Où tombaient ses yeux si doux,
Tout, à son âme ravie,
Parlait du céleste Époux.

7.

La brise était son murmure,
Le ciel bleu son vêtement,
Toutes les fleurs sa parure,
Le soleil son œil ardent.

8.

Donnant, dans son indigence,
Avec un cœur généreux,
Elle était la providence,
Du pauvre et du malheureux.

9.

La foi, sur son front modeste
Ayant mis ses traits charmants,
Lui donnait un air céleste
Qui ravissait les passants.

10.

Mais il vient un homme étrange,
Grand Seigneur de ce pays :
De la beauté de Solange,
Ses yeux furent éblouis !

11.

Il lui dit : soyez maîtresse
De mon or, de mes châteaux :
Vous serez noble et comtesse,
Vous aurez nombreux vassaux.

12.

La vierge, modeste et fière.
Aussitôt lui répondit :
« Je n'aurai jamais sur terre
« D'autre époux que Jésus-Christ. »

13.

Voyant qu'en vain il s'efforce
De rompre ce doux serment,
Ce félon veut par la force
Emporter la sainte enfant.

14.

Il l'attache, et, dans la plaine,
Il part à franc étrier ;
Mais elle rompit sa chaîne
Au tournant de l'Ouatier.

15.

Sa proie à peine échappée,
Le barbare, furieux,
La frappant de son épée,
Trancha son cou gracieux.

16.

Elle voit déjà l'aurore
Qui brille au front des élus,
Que sa bouche dit encore
Le nom de son doux Jésus.

17.

En recevant la couronne
D'épouse de Jésus-Christ,
Elle devint la patronne
Et le secours du Berry.

18.

Gardienne de l'innocence
De tous les enfants pieux,
Elle brise la puissance
Des démons audacieux.

19.

Fuyez loups, oiseaux sauvages,
Et rentrez dans vos forêts ;
Contre vous et les orages
Elle porte ses arrêts.

20.

Pèlerins, si sa mémoire
Vous donne aussi ses vertus,
Vous partagerez sa gloire
Dans le séjour des élus.

Vu et approuvé :

Bourges, le 15 Mai 1874.

† *C.-A.*, Archevêque de Bourges.

TABLE DES MATIÈRES

I.	Simple histoire............................	1
II.	Tradition	3
III.	Reliques	5
IV.	Prières; litanies de Sainte Solange	10
V.	Prières à la sainte Vierge...............	13
VI.	Prière au bon Ange gardien	14
VII.	Prière à saint Joseph...................	15
VIII.	Prière à saint Louis de Gonzague	15
IX.	Confrérie de sainte Solange	16
X.	Prière à sainte Solange	21
XI.	Cantiques en l'honneur de sainte Solange. Prose	23
XII.	Traduction de la précédente............	25
XIII.	Échos du sanctuaire...................	28
XIV.	A Jésus, amour et louanges............	29
XV.	Cantique de la chapelle du Champ-du-Martyre.............................	31

Typ., Ster., Lith., E. Pigelet, Bourges

BOURGES
IMPRIMERIE
E. PIGELET

www.ingramcontent.com/pod-product-compliance
Lightning Source LLC
Chambersburg PA
CBHW061005050426
42453CB00009B/1261